炭鉱鉄道と機関車の記録 1969〜1970

乾 修平

↑28号機がバック運転で夕張鉄道の貨物列車を牽引。2輌目の無蓋車には坑道を支える坑木が積載されている

SHIN企画

↑国鉄駅に隣接する美唄鉄道美唄機関区。これから仕業に就く2号機が早朝の構内で待機する

↑夕張鉄道若菜駅のホームは1面のみ。

　同世代の皆さんと同様にかつて蒸気機関車の撮影を続けた時期がありました。ただ，あらためて手元のネガを眺めると，いわゆる走行シーンを撮影したものは意外と少なく，どちらかと言うと機関区を訪問して撮影したものがほとんど。その構内風景や各種設備といったカットが多く，機関車については方向をかえて細部を撮影したカットもけっこう含まれていました。このあたりはどうしても模型ファンの視点のようで，車輌基地への興味が現在になってもかわることがないのは，やはりレイアウトの製作を意識しているためなのでしょう。

　また，同時期にはいくつかの私鉄路線や専用線の機関車基地も訪れており，その中でも特に印象に残っているのは炭鉱鉄道です。石炭採掘会社が運営するこのような路線は既にかなり減少していましたが，独自の車輌が在籍しているところもあり，国鉄路線とは異なる運転形態や機関車基地の規模などが特徴的。まさしくレイアウト向きの鉄道でした。

　本書に集めたのは1969年から1970年にかけて撮影した夕張鉄道，美唄鉄道，貝島炭鉱専用線，鉱業所などの構内，そこで見かけた機関車，石炭車やほか

↓貝島炭鉱専用線の六坑駅構内。石炭積載用ホッパーや関連施設を背景に，コッペル製の31号機がセラの入換を行なう

それに対し，貨車が留置される側線は3線も敷設されており，炭鉱鉄道の主役があくまでも貨物列車であることを物語る

の車輌たち。メモリーやバッテリーの残量いっぱいまで…という時代ではないので，撮影できなかった風景や車輌には未練が残り，訪問時には稼動していなかった車輌もあります。撮影から50年近くの年数ではネガの劣化も避けられませんが，現在となってはすべてが見ることのできないシーンであり，車輌模型やレイアウトの製作の参考にしていただくことを目的に全体を構成することにしました。

三井鉱山美唄砿業所の構内。短い専用線の先にある積込場で見かけたのは2輌のB6で，訪問日には2号機が入換を担っていた。↓

目 次

北海道炭礦汽船 夕張鉄道 ────── 4
　鹿ノ谷機関区にて ── 6　12号機とそのディテール ── 12

三菱鉱業 美唄鉄道 ────────── 16
　美唄機関区にて ── 18　2号機とそのディテール ── 22

三井鉱山 美唄砿業所 ───────── 27
　　　　　　　2号機とそのディテール ── 28

明治鉱業 平山鉱業所 ───────── 32

貝島炭鉱専用線 ──────────── 36

炭鉱鉄道で見かけた貨車たち ────── 42

鉱業所の積込設備いろいろ ─────── 45

北海道炭鉱汽船 夕張鉄道

（撮影：1970年8月）

　夕張鉄道は函館本線野幌から室蘭本線栗山を経由し，夕張本線鹿ノ谷，さらに夕張本町まで延びた全長50.3kmを超す大規模路線。夕張鉱や平和鉱などで採掘される石炭の輸送をメインに，3ヵ所で国鉄線と結ぶ接続関係から気動車による旅客輸送も行なわれていた。鉄道の最終的な廃止は1975年。実際にはそれに先立って区間廃止や旅客営業の廃止が行なわれており，鉱業所の採掘停止によってセキを連ねた長大な運炭列車も過去のものになっている。

　沿線で特に撮影派ファンを集めたのは分水嶺越えの山岳ルートとなった夕張線側で，途中に位置するスイッチバック駅が錦沢。Z形に続く線路の途中を交換駅にした線路構成であった。また，ひとつ手前の平和には錦沢に向かう列車の補機が常駐。到着列車の後部に連結されて急勾配区間を押し上げ，走行途中に解放して平和に戻る運用をこなしていた。

↑錦沢方面の急勾配区間へと向かう列車が平和に到着。手前の線路に停車しているのが後部補機となる機関車で，列車到着の合間には平和鉱に出入りするセキの入換運転も担当している。

↑錦沢のスイッチバック分岐部分。左奥が列車交換個所となっており，右側に下っていく線路とはかなりの高低差があることがわかる。

↑錦沢のスイッチバック折り返し線から眺めた本線列車。この折り返し線の奥のほうには牽引機用給水スポートが設置されている。

↑夕張線側の山岳区間を栗山方面に向かう28号機牽引の列車とDD1001牽引の列車。末期の夕張鉄道では国鉄9600が前身の20形蒸気機関車に混じり，新製ディーゼル機関車2輛も本線列車の先頭に立っていた。↓

5

←夕張鉄道側の構内から12号機とD51の併走シーンを眺める。12号機は構内入換を行なっている様子で，炭鉱鉄道には不釣り合いのようにも思えるレム5000を牽引中。D51は夕張方面に発車していく様子で，遠目からもギースルエジェクター機であることがわかる。

転車台越しに，蒸気機関車用検修庫の前から入出区側を眺めた様子。目の前で独特のシルエットを描く給炭塔が印象的である。このあたりは構内のいちばん端で，国鉄駅との間には，国鉄側と夕張側を合わせて10数本もの側線が並んでいる。→

鹿ノ谷機関区にて

夕張鉄道の車輌基地は国鉄夕張線に接続する鹿ノ谷に設けられており，駅は国鉄側からの長い跨線橋から降り立ったホームを挟み，何本かの側線を配した構成。その側線から分岐した線路の先が車輌の留置，整備エリアとなっていた。2棟の蒸気機関車用検修庫は転車台を渡った先に位置しており，その手前には独特の形態で知られる給炭塔と石炭取込み設備，給水設備，関連施設や建物などを配置。このあ

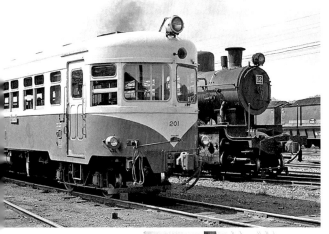

高さを比較するように25号機と12号機がテンダーの背面を見せる蒸気機関車用修繕庫。内部に分解検査用の大型設備が設置されていたが，左側の木造庫にもある程度の重作業用設備が見られ，そちらでも仕業検査以上の定期検査が行なわれていたのかも知れない。→

たりには常に多くの機関車が集まり,国鉄の機関区にも劣らないような活気を呈していた。

当時,夕張鉄道に在籍していた蒸気機関車は20形と10形で,前者はもと国鉄の9600だが,その後の改造もあって外観はさまざま。最多時に8輌を数えた同形も鉄道の廃止時には5輌まで減少していた。後者の10形は日立製の自社発注機で,訪問時は12号機が鹿ノ谷構内の入換を行なう姿が見られた。

転車台は一般的に電動,あるいは人力で回転させるものが多いが,鹿ノ谷機関区の転車台は空気作動式。主桁の下側に見えるエアーシリンダーの先がこの機構で,ピストン棒の往復によってピットレールを掴んで主桁を回転させる動作が連続する。作動用空気は機関車のエアーホースに接続することで得ており,当然ながら蒸気機関車以外の転車にも対応することになる。→

↑修繕庫の前で待機する25，22，12号機と，分解検査中の機関車側から切り離された21号機のテンダー。構内の4棟の検修庫はすべて木造の2線庫で，入口に扉を持つ寒冷地仕様となっている。

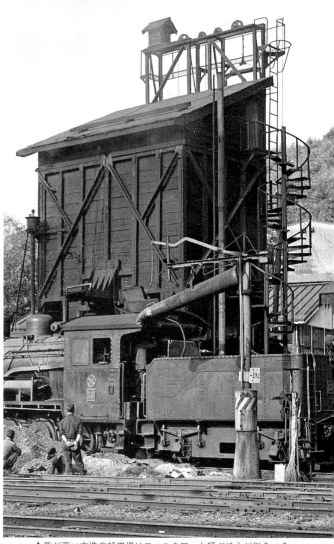

↑背が高い木造の給炭塔はコールタワーと呼ぶほうが似合いそうなアメリカンスタイル。背面に付いた保守用の階段が螺旋式になっているなど，この構内でも独特の雰囲気を放っている。

↑20形は1輛を除いて前身が国鉄の9600。製造時期の差と共にその後の改造もあって、同一外観の機関車がないと言って良いほど、煙突の形態、空気だめの配置や配管類の取りまわし、キャブやテンダーの形態などに差が見られた。ここに掲げたのは28号機と25号機の例で、前者が門デフを装備しているのがわかる。↓

20形は本線列車牽引だけでなく、平和からの急勾配区間で後部補機運用も担当。その時には走行途中の解放を行なうため、連結器のナックルを開く錠揚げ装置を装備していた。これは通常の解放テコの上にもうひとつのテコを重ねた簡単な構造のもので、反対側のテコに結んだ引棒がキャブまで続いている。→

修繕庫の中ではスノープロウ上下用シリンダーを持つ21号機の分解検査が進行。動輪が抜き出されて姿が良く見える台枠，ケーシングがはずされた火室まわり，そして機関車から切り離されたテンダーの前面は，模型ファンに特に興味深いものかも知れない。

12号機とそのディテール

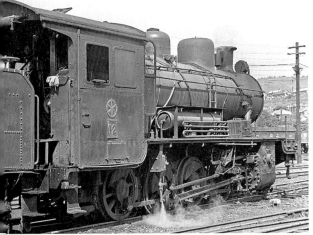

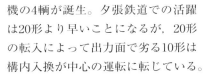

炭鉱鉄道では旧国鉄機の転入例が多かったが、この夕張鉄道10形のように自社オリジナル機の使用例もあり、そこでしか見られない機関車は当然ながらファンの人気を集めていた。10形は日立笠戸工場で製造されており、1926年から翌年にかけて11～14号機の4輌が誕生。夕張鉄道での活躍は20形より早いことになるが、20形の転入によって出力面で劣る10形は構内入換が中心の運転に転じている。

10形は9200を近代化したとも言われる軸配置1Dのコンソリで、全長は15.4m（20形／9600は16.5m）、運転整備重量は51トン（同60トン）、動輪径は1118mm（同1250mm）。外観的には9600を細身にしたような印象を受

けるが，これは9600より50mm程度低いボイラー中心高さと，8620とほぼ同じ径のボイラーの組合わせによるもの。石炭と水の積載量から2軸車となったテンダーとのバランスも良いように思える。

　12号機は夕張鉄道が廃止になるまで籍を残してい

た唯一の10形で，途中にはほかの3輌と共にいくつかの改造工事を実施。ランボード上にある空気だめは，かつて第2動輪から第4動輪の横に位置しており，一時期は後部補機運用に備えて20形のような走行中の連結器解放装置も装備していた。

13

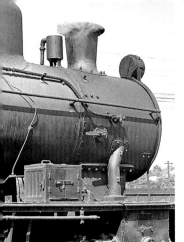

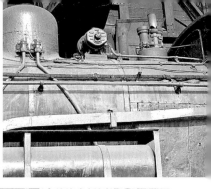

14

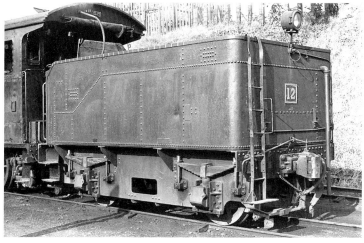

↑空車のセキを連ねて常盤台方面に向かう列車が東明―盤ノ沢間の美唄川沿いを走行。周辺にドラフト音を響かせながらやって来た2号機が，樹木に見え隠れしながら続く線路を走り抜ける。

三菱鉱業 美唄鉄道

（撮影：1970年8月）

2号機が牽引する旅客列車が美唄に到着。客車はオハフ8+ナハフ1の2輌だが，この日はワ4を加えた混合編成であった。↓

　美唄鉄道は函館本線の美唄に接続していた炭鉱鉄道。国鉄線から離れてほぼ直角に方向をかえた線路は，盤ノ沢や美唄炭山を経て，10.6km離れた終点常盤台まで続いていた。ファンには自社発注機，及び旧国鉄4110というEタンク機が使われていたことが知られ，旧国鉄9600の転入機と共にセキを連ねた運炭列車の牽引に活躍。美唄川に沿って走るあたりは背後の地形も起伏に富んでいて，高く煙を上げる迫力ある走行シーンも数多く記録されている。

　自社が保有する貨車や客車がバラエティーに富むことも特徴で，混合列車の形態もさまざま。石炭車や無蓋車は沿線にある火力発電所への石炭輸送にも使用されていて，鉄道が廃止される1972年まで見飽きることのない列車の走行シーンが展開された。

←1965年からは旅客輸送近代化をめざして3輌の旧国鉄キハ05を導入したが，実際の運転期間は数年と短く，鉄道の廃止前に姿を消している。

↑Sキャブ7号機が牽引するセキの編成。美唄と常盤台には転車台が設置されていたが，バック運転も多く行なわれていた↓

17

↑仕業検査庫から眺めた入出区側。国鉄の架線柱ビームはここまで延びている

美唄機関区にて

　美唄鉄道の車輌基地は国鉄駅に隣接した立地で，常盤台側からの到着線路は踏切を越えると次々に分岐。国鉄駅との間に数本の側線を挟んだ左側は，主に機関車を収容するエリアとなっていて，煙を上げて待機する機関車の姿が常に見られた。

　この機関車エリアに設けられていたのは2線と1線の仕業検査庫や修繕庫，給水塔やスポート，屋根を持つ給炭台，空気送砂式

←美唄鉄道の旅客列車が着発するホームは国鉄線下りホームと一体化したもの。このように滝川方面に向かう国鉄列車と美唄鉄道の列車が、島式ホームを挟んで並ぶ姿も日常的に見られた。背後は国鉄駅の跨線橋。階段途中で折れる北海道独特の構造のものである。→

の給砂装置といった設備。さらにその先には転車台と1線の修繕庫などがあり、横の側線では気動車や客車の留置シーンを見かけた。それほど広くなくシンプルな構内の概要は、国鉄駅のホームからもうかがい知ることができ、レイアウトにそのまま取り込めそう…と感じたことも記憶に残る。

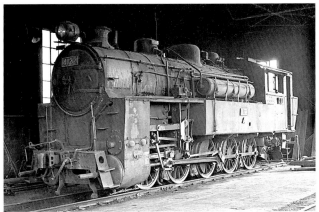
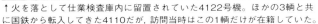

↑火を落として仕業検査庫内に留置されていた4122号機。ほかの3輌と共に国鉄から転入してきた4110だが、訪問当時はこの1輌だけが在籍していた。

↑仕業検査庫はオーソドックスな外観の2線庫。その前には給炭台や給水スポート,給砂装置。アシュピットなどがあり,給炭台の背面側には石炭を運んできた無蓋車の姿も見える。

↑構内の奥にある修繕庫。ここでは庫外まで引き出した台車の整備が行われていた。

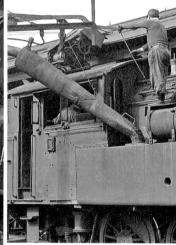

←↑客車を解放して入区した2号機。さっそく給炭や給水,清掃や点検が始まった

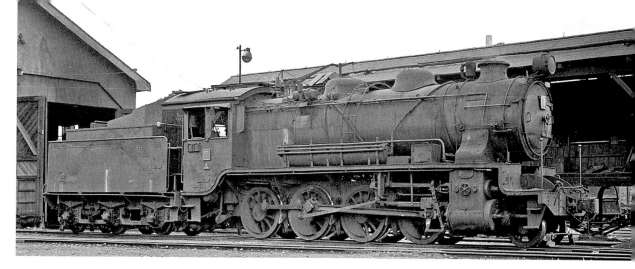

↑7号機は1914年・川崎製の元国鉄9616で，同様に元国鉄69603だった6号機よりだいぶ遅れて美唄鉄道に移籍してきた機関車。9600の初期グループに属する7号機は，ランボードから続くようにキャブ下がSカーブを描いており，テンダーにも6号機との差が見られた。美唄鉄道での活躍は13年に及んだが，訪問の翌年には同じ三菱鉱業の大夕張鉄道へと転出している。↓

2号機とそのディテール

　美唄鉄道に籍を置いたEタンク機は7輌だが，そのうち，4122，4137，4142，4144号機は1949年以降に国鉄から転入してきた機関車。これに対し，2〜4号機はそれより以前に活躍を始めた自社発注機である。3号機と共に1919年に三菱造船所で製造された2号機は，1940年増備の4号機と共に，鉄道の終焉時まで列車の牽引に従事。50年以上に渡る在籍は美唄鉄道の機関車の中で最長となる。
　自社発注機と旧国鉄4110は出力的にわずかな差があるようだが，ボイラーとシリンダーが前端い

っぱいまで張り出した形態，先従輪を持たずに動輪5軸を並べた下まわりといった機械的な仕様は共通。これに対し，空気だめの移設や炭庫まわりの改装，補機装備類などについては個体差がかなり見られ，当然ながら経年によって変化もしている。2〜4号機の全長はC11より1.2m程度短い11445mm（4110は11506mm／バッファー仕様）で，動輪径は1245mm，運転整備重量は65トンであった。

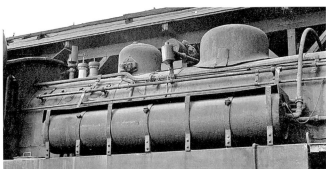

24

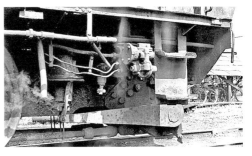
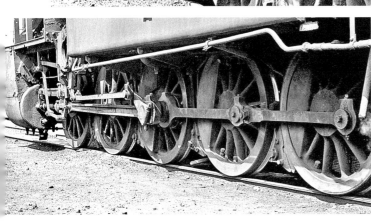
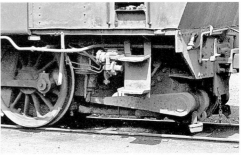

26

←南美唄からセキの空車編成を牽引してきたD51はすぐに積車編成の先頭側に移動。転線シーンを横で見守る2号機はD51より30年以上も前に誕生し、重量が1／2.5程度に過ぎない機関車である。

三井鉱山 美唄砿業所

（撮影：1970年8月）

国鉄南美唄支線の終点から先には全長1.2kmの専用線が続いており、そこにあったのがこの砿業所。当時の北海道の炭鉱地帯ではこのような積込み施設がほかにも多く見られたが、ここの入換には古参機B6が従事しており、その姿を記録するために訪れるファンは少なくなかった。

構内には緩くカーブした4線が並んでおり、各線が機まわり線で結ばれている機能的な線路配置。その内の3線がいちばん奥にある積込ホッパーに、残りの1線が小さな機関庫へと到っていた。そんな構内で煙を高く吹き上げながら、大きなセキの押し込みや引き出しをするB6の姿は印象的であったが、砿業所は1973年に廃止。炭鉱鉄道に最後まで残ったB6も姿を消している。

構内の先端にある積込ホッパーは山のほうから突き出したような大きな構造物。ちょうど2号機によって押し込まれたセキへの積載作業が進行している。この構内で働いていた2輌のB6は交互使用されており、訪問時には左手前にある木造の小さな機関庫内に1号機が留置されていた。→

27

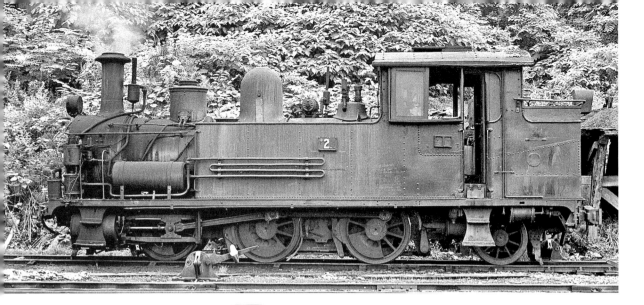

2号機とそのディテール

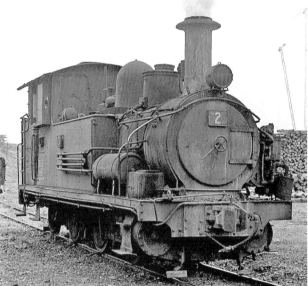

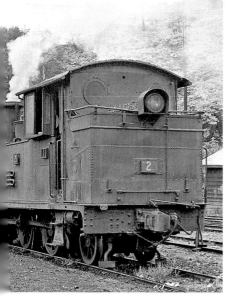
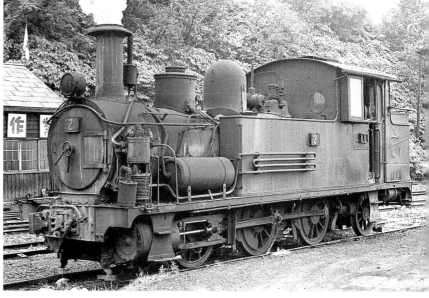

　訪問当時の美唄砿業所で使用されていたB6は，ボールドウィン製の1号機とノースブリティッシュ製の2号機で，それぞれ旧国鉄の2649と2248。同グループが大量に製造された1905年に誕生しており，鉄道院～国鉄，さらに譲渡された鉄道を経て，1号機は1967年に，2号機は1963年に入線している。

　B6グループは製造の背景によってさまざまに分類されるが，原形が多数派の一員である2号機は，キャブまわりの改装や空制化装備も含めて比較的ノーマルな形態。軸配置はC1，全長は10439mm（バッファー仕様），動輪径は1245mm，運転整備重量は49トンである。

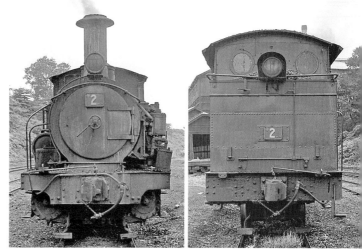

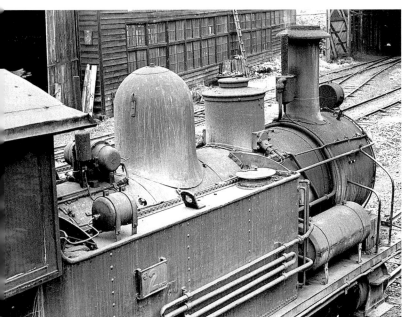

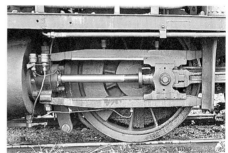

明治鉱業 平山鉱業所

(撮影：1969年7月)

　福岡県を通っていた上山田線の臼井からは専用線が分岐しており，2kmほど走った先にあったのがこの鉱業所。国鉄駅との位置関係，そして構内の構成や積込設備の規模が前項の三井鉱山美唄砿業所に似た石炭搬出拠点であった。構内は5線で構成されており，その内の3線が山側からせり出した大きなホッパーへと入る積込線。残りの2線が空車の到着線，及び積車の出発線として使われていた。

　この構内で入換に従事していたのは236号機と237号機という重量27トンの小型Bタンク機。産業型と通称される規格形態の機関車で，1937年の八幡製鉄製とされている。ここでも2輌が交互使用されてお

↑石炭の積込みが済んだセラを引き出す236号機。ご覧のように屋根の高さはセラの車体とほとんどかわらないので、そのまま積込ホッパー内へと進入することができ、給炭もそこで行なわれていた。

り、訪問時には236号機が稼動。セラの編成を押し込んだり引き出す姿が見られたが、鉱業所が閉山した1972年には専用線も同時に廃止されている。

←↑臼井から専用線をやってきた空車のセラやセム。この後，237号機によって積込ホッパーのほうへと転線される。ワフは次の出発列車に連結されるのであろうか。

↑積込ホッパーの中線を抜けた先にあった木造の機関庫。縦方向に2輌を収容できる長さで，訪問時には奥のほうに237号機が押し込まれていた。↓

←↑積込ホッパーの横の少し高いところは炭車軌道の終端部。このあたりには架線がなく，炭車はケーブルによって引き上げられている。

↑積込場と選炭場，坑口を結んでいたのはゲージが546mmの複線電化軌道。ガラガラと音を立てる炭車の走行シーンは実に迫力のあるものだった。先頭に立っていたのは1949年製の凸形電気機関車3輌。車体幅が狭く，高い架台の上にパンタグラフを載せた独特の形態で，積込場の蒸気機関車に負けない注目をファンから集めていた。↓→

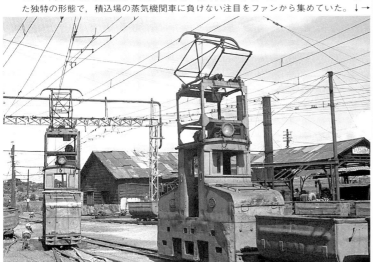
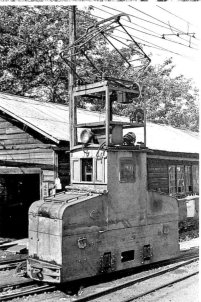

←ポッカリと口を開けた坑口。切羽と地上を結んだ軌道は極端に傾斜した形で続いており，先端に付いたウインチが巻くケーブルで炭車を引き上げる。炭車の手前にあるのは坑口側と地上側を切換えるポイント。坑口から出た炭車は折り返して選炭場のほうに向かう。→

35

貝島炭鉱専用線

(撮影：1969年7月)

　筑豊本線から分岐した宮田線の終点筑前宮田に接続して，いくつかの出炭拠点を結んでいたのが貝島炭鉱専用線である。坑道埋め戻し砂の採掘場までの線路を含めて，最盛期は20km近くを誇った路線も，二坑以南の閉山によって1970年当時は筑前宮田〜六坑間の2km弱まで短縮。1976年には全山閉山に伴って専用線が廃止されている。

　六坑駅の構内線路は7線で，この内の4線が選別廃棄されるズタ用を含む積込線，それに側線や機関車留置線が加わってゆったりとした構内になっ

↑筑前宮田に向かい，31号機がセラ1輌だけを牽引して犬鳴川の橋梁を走行。小型レイアウト上のようなシーン，そして蒸気機関車や石炭車が見せるシルエットは何とも印象的と言えよう。

ていた。入口側には機関車用の修繕庫や整備庫があり，線路短縮後には使用されていなかったが，ここには小さな転車台も設けられている。

　最終期にこの専用線に在籍したのは1919, 1920年アルコ製の22, 23号機，及び1925年コッペル製の31, 32号機。重量が27トン，全長が約8.6mのCタンク22, 23号機はバッファー＆ピンリンクカプラーを装着していたが，控車を連結して自連の貨車に対応する姿も見られた。一方の31, 32号機は重量が44.3トン，全長が約10.5mの1C1機で，輸入された最大のコッペル機として知られる存在。本線と直通する石炭車に合わせて自連を装着しており，途中には空制化改造も行なわれている。

↑訪問当日に稼動していた31号機。煙室扉がボイラーに対して偏心し，シリンダーが煙突中心から大きく後退した形態が独特である。↓

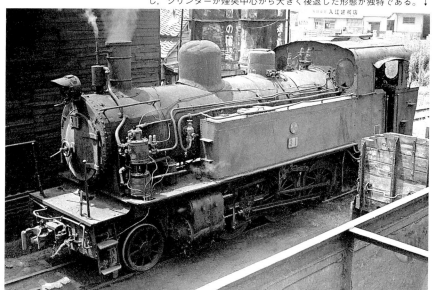

37

↑積込ホッパーの前あたりから眺めた構内の入口側。並んだ線路はこの先で1本にまとまり，右側に大きくカーブして筑前宮田へと向かう

↑構内に対して積込装置の供給側が高くなった地形は多くの鉱業所で見かけたもの。六坑でもホッパーの横まで昇ると，構内の広い範囲を見渡すことができた。これは入口側を眺めた様子で，廃車体の代用客車，ボイラーにカバーを掛けられた22, 23号機，その向こうの修繕庫などの位置関係もわかる。

↑構内の中央あたりにある小さな詰所程度にしか見えない建物は六坑駅の駅本屋。そのすぐ近くにあるのは代用客車キ2の廃車体で，車体をそのまま休憩所，あるいは詰所として再利用していたようだ。↓

↑構内に入った線路は次々と分岐。列車が着発する線路はこのあたりから真っ直ぐに延び, その内の4線が積込ホッパーの下へと入っている

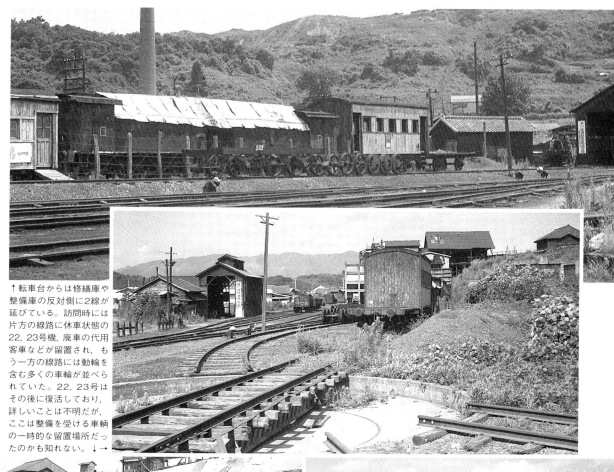

↑転車台からは修繕庫や整備庫の反対側に2線が延びている。訪問時には片方の線路に休車状態の22, 23号機, 廃車の代用客車などが留置され, もう一方の線路には動輪を含む多くの車輪が並べられていた。22, 23号はその後に復活しており, 詳しいことは不明だが, ここは整備を受ける車輌の一時的な留置場所だったのかも知れない。↓→

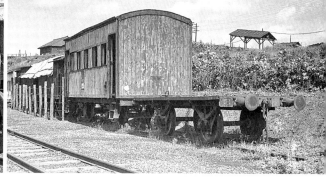

右側を通っていたインクラインから石炭が供給される積込装置。メインホッパーはコンクリート製の大きな構造物で，上部には石炭を均等に貯蔵するための装置が設置されている。↓

構内の奥側から折り返して入庫する駐泊庫は小さな木造単線庫。手前にはコンクリート脚の上に細長い2本の水槽を載せた給水装置があり，横から引き出したホースによって機関車への給水が行なわれていた。↓→

修繕庫や駐泊庫に比べると開放的な構成の整備庫。カーブ区間となった線路にはピットの姿もなく，ここでは比較的軽微な作業だけが行なわれていたのかも知れない。→

←修繕庫の横には転車台からの短い線路があり，ここで見かけたのが，先行廃車の21号機とおぼしき機関車のボイラーや台枠まわり，水タンクなど。このような状態でここに置かれ続けた経緯は不明だが，情報が少ない時代には思いがけない発見もあり，初訪問の楽しみのひとつでもあった。↓→

↑セキ3000は1951年から2730輛も製造されたボギー石炭車の代表形式。積載設備の関係で全長8750mm、積載量30トンといった諸元はセキ1000などと共通である。

炭鉱鉄道で見かけた貨車たち

　現在ほど情報がない時代，炭鉱鉄道や地方私鉄で出会うことがあったのは存在も知らなかった車輌たち。機関車と同様に国鉄からの譲渡例は少なくないが，編入後に改造を受けた車輌のほか，その鉄道独自の，あるいは出どころ不明の車輌もあって，炭鉱鉄道の貨車には特に興味を持つことになった。

　ここにいくつか集めてみたのは訪問時に見かけた炭鉱鉄道の貨車と国鉄籍の石炭車など。細部について機関車ほど撮影をしていないことが残念だが，それから既に50年近い歳月が経過しており，わずかに残るカットも研究派ファンや模型ファンの参考になるのかも知れない。炭鉱鉄道の末期に近い頃の記録になるが，石炭がまだ主要なエネルギー源だった時代に，個性的な貨車が炭鉱鉄道で活躍していた様子を感じ取っていただければ…と考えている。

〈美唄鉄道にて〉

セキ1は500輌以上が製造された30トン積みの旧国鉄車で、美唄鉄道には転入グループを含んだ13輌が在籍。同鉄道の盤ノ沢近くには自家用の火力発電所があり、国鉄線に直通するセキとは別に燃料輸送列車が運転されていた。↓→

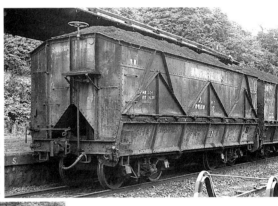

キ101は国鉄キ100と同形のラッセル車。同鉄道唯一の除雪車として廃線時まで在籍していた。↓

←前身が戦時設計のトキ900という3軸無蓋車で、同鉄道に譲渡車9輌が在籍。側アオリ戸の高さ縮小で積載量はトキ900の半分近い17トンに減少している。↓

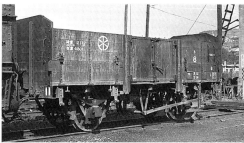

←北炭からの借入車表記があるセサ500。国鉄のセキよりずっと小型の車輌だが，側面や妻面の上部を木枠でカサ上げして，積載量を登場時の18トンから23トンに増量している。

↑積載量が12トンの木造無蓋車ト1。中央部に観音開きの鉄製扉を持つほか，側面アオリ戸も下側の板2枚分が開閉する構造である。

〈夕張鉄道にて〉

←上のト1とほぼ同時期に製造された8トン積みの木造有蓋緩急車ワフ1。車掌室の屋根上には煙突の姿が見える。

〈貝島炭鉱専用線にて〉

←50輌以上が在籍した11トン積み，全長5.7mの小型2軸ホッパー車ロト1。バッファー＆ピンリンクカプラーを装着しており，末期には坑道埋め戻し用の砂の運搬に使われていた。↓→

↑2軸貨車2種。ト1とチ1はそれぞれ5輌ずつが在籍したが，各車の細部にはいくらか差異があったようだ。↓

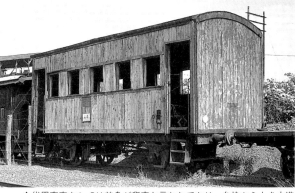

↑代用客車キ1,3は前身が貨車と言われており，台枠から上を木造車体にかえたような形態。扉は片側の側面だけに設けられていた。

←1904年から3000輌ほどが製造されたというセム1。後の改造によって積載量が当初の9トンから最終的に15トンまで増加したが、カサ上げ部分には木板製と鉄板製の2種が見られる。軸受の板バネ装架部分は2段リンク化されていない。

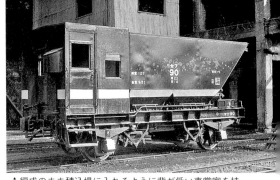

↑編成のまま積込場に入れるように背が低い車掌室を持つセフ1。全長はセムやセラより少し長いが、車掌室の大型化で積載量はセムフ1000より少ない12トンである。

↑1937年から900輌程度が製造された積載量15トン、全長6300mmのセム4500。セム4000に続いて底扉の開閉機構は歯車装置式となっており、片側の台枠上には開閉操作用ハンドルが見える。

↑セム6000は1939年から1250輌ほどが製造されたグループで、積載量や全長はセム4500と同じ。底扉の開閉装置には床下のリンク機構をレバーで操作するシンプルな方式が採用されている。

〈国鉄の石炭車 セム1・セフ1・セム4500・セム6000・セラ1〉

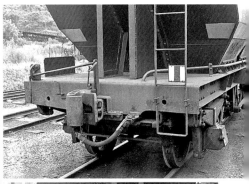

↑セラ1はセラ8000などからの改造編入車を加え、1957年からの製造で総数4000輌を越えることになったグループ。2軸石炭車を代表する勢力であり、積載量17トンの実現で2軸石炭車の完成形態にもなっている。積載設備の関係から全長はセム6000などとかわらないが、荷台を175mm高くすることで積載量を増加しており、底扉の開閉装置もセム6000などと同一のリンク機構となっている。

44

↑積込施設がある国鉄駅の構内。すぐ横にボタ山の姿も見える（筑前宮田）

↑ベルトコンベアーで石炭車に直接積込んでいた例（糒炭鉱）

鉱業所の積込設備いろいろ

　炭鉱鉄道の設備と聞いてまず頭に浮かぶのは，構内にそびえ立つ大きな積込ホッパーと言えよう。これは石炭車に積込む最終的な貯炭設備だが，選炭場などの作業場と複合構成されていることも多く，これらは大規模なものがほとんど。分別炭や混炭によって貯蔵槽が何槽かになっている場合もあり，搬入装置類まで含めるとその構成は複雑である。

　ここに掲げたのは先に紹介した炭鉱鉄道や鉱業所，さらに炭鉱路線の国鉄駅などで見かけた積込設備の例。ホッパーは何輌編成かの石炭車に同時積載できる規模で，大幅な縮小やアレンジを伴うことになるが，形態や構成，周辺の雰囲気などが模型のレイアウト向きと思われるものを選んでみた。

←↑入線中のセラ1との比較から，高さが11m程度はあるように思えるコンクリート製の積込ホッパー。国鉄旅客ホームの先に拡がる石炭積込ヤードには貝島炭鉱専用線が接続しており，六坑からやってきた同専用線の機関車がC11など，国鉄機と共に入換を行なう姿が見られた。（筑前宮田）↓

45

↑夕張鉄道の途中駅から延びた引込線の先にあった鉱業所。積込ホッパーを囲むように周辺にはさまざまな設備が集まる（北炭平和砿業所）

↑メインの石炭積込設備から少し離れたところにあった小型ホッパー。当時は既に使用されてなく、用途などについても不明だが、鉄骨製の脚と木造の貯炭槽を組合わせた簡単なものである。そのまま模型化したくなるような規模や形態がファンに気になる存在であった。（貝島炭鉱六坑）→

←↑平坦な地形の中に立つ木造の大型ホッパー。側面から石炭車に積込む方式のもので、開閉部の操作装置などはホッパーの下にあったのかも知れない。降雪地北海道の積込ホッパーは屋根を持つタイプが多数派のようだ。（南美唄）

46

↑専用線の本線上に設置された積込ホッパー。向こう側には炭車をケーブルで引き上げるインクラインが通っている。(貝島炭鉱二坑)

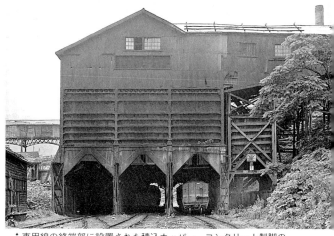

↑専用線の終端部に設置された積込ホッパー。コンクリート製脚の上に鉄骨組立の貯炭槽を載せた構造である。(三井鉱山美唄砿業所)

↑石炭車や無蓋車が入線する側線が何本も並び、積込設備や関連設備が集まる広い構内は、有数の石炭出荷拠点に相応しい規模。設備の構成は複雑でわかりにくいが、積込系統はいくつかに分かれているようで、設備の配置に関係しているのか、奥のほうには貨車用トラバーサーまで設置されていた。(伊田)↓→

↑DD1001が牽引する夕張鉄道の運炭列車。訪問時の前年に導入された新製機だが，同鉄道での活躍はわずか6年に過ぎなかった

炭鉱鉄道と機関車の記録1969～1970　　著者：乾　修平　ISBN978-4-916183-37-8

2018年7月15日発行

編集／発行者・橋本　真ⓒ
発行所・SHIN企画　〒201-0005 東京都狛江市岩戸南1-1-1-406

発売所・株式会社 機芸出版社　〒157-0072 東京都世田谷区祖師谷1-15-11

定価はカバーに表示してあります